손자/손녀를 위한 **무릎 기도문**

특별히 _____ 님께

이 소중한 책을 드립니다.

나침반

★ 성공적 양육을 위한 메모 ★

1. 일관성을 가져라

눈에 넣어도 아프지 않을 귀여운 손주이지만 막연히 어리광을 받아주면 버릇이 나빠져 사회성에 문제가 생길 수도 있습니다. 식사를 할 때나 인사 예절같이 중요한 부분은 부모와 상의해 규칙을 정하고 일관성을 유지 시키는 것이 좋습니다.

2. 손주의 부모와 대화하라

조부모님들은 이미 자녀를 훌륭하게 키운 양육의 대가들이지만 세월이 수십 년이 흘러 그때와는 많은 것이 변했다는 사실도 인정해야 합니다. 서로 자신의 생각이 맞다고 고집하기보다는 대화를 통해 서로의 생각을 이해하고 의견을 나누면 서로의 즐거움과 힘이 되는 아름다운 협력관계로 세워질 수 있습니다.

3. 충분한 자신감을 가져라

많은 연구결과에 따르면 조부모님들과 손자가 함께 지내는 것만으로도 탁월한 교육 효과가 있다고 합니다. 함께 산책을 하고, 간단한 요리를 하며, 책을 읽는 수준만으로도 손주들에게

충분한 교육 효과가 있습니다. 나이 차이가 많이 나고, 시대에 뒤처져서 더 이상 힘이 되지 않는다고 자신감을 잃지 마십시오.

4. 힘들 땐 눈치 보지 말고 부탁하라

조부모님들도 자신만의 시간이 필요합니다. 특히 맞벌이를 하는 자녀를 도울 경우에도 유치원이나 어린이집, 아이돌봄 서비스 등을 적극 활용하는 것이 좋습니다. 조부모님들의 개인적인 시간을 지키는 것이 장기적으로도 조부모 양육에 긍정적인 영향을 미칩니다.

5. 조부모 양육의 장점을 기억하라

조부모님들은 이미 손주의 부모를 키워낸 경험이 있기 때문에 그 경험을 살린다면 그 누구보다도 더 잘 양육할 수 있다. 그리고 자식을 사랑하는 마음으로 손주를 돌보므로 부모의 심정으로 돌보기 때문에 그 누구보다도 큰 장점을 지니고 있다. 손주는 자녀의 장단점을 배우기 때문에 자녀를 키울 때 부족하다고 생각했던 부분을 손주에게 채워준다면 손주는 영적, 육체적, 정신적, 사회적 분야의 전인적 성장을 할 수 있다.

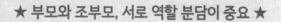

★ 부모와 조부모, 서로 역할 분담이 중요 ★

자녀가 있는 맞벌이 가구 중 50%는 할머니 또는 할아버지가 자녀의 양육을 맡고 있다고 합니다. 나이가 지긋한 조부모 입장에서는 손주를 양육하면서 기쁘고 보람된 일도 있겠지만 장성한 자식을 위해 자신이 희생한다고 생각하면서도 가끔은 섭섭하거나 힘에 부친다는 것을 느낄 수도 있습니다.
이 중 가장 큰 고민은 '안되면 조상 탓, 잘되면 내 탓'이라는 우리나라 속담처럼 애써 정성을 들였는데 아이가 다치거나, 안 좋은 일이 생기면 몸뿐 아니라 마음고생도 하게 됩니다.

이 같은 경우를 방지하기 위한 전문가들의 조언입니다.
① 부모가 할 일과 조부모가 할 일을 미리 나누기
② 부모와 조부모가 일관성 있게 아이 양육하기
③ 육아 시간이나 기간, 양육 비용 등을 미리 협의하기
조부모는 부모가 일터에 있는 시간 동안 아이를 안전하게 맡아주는 것으로 대부분의 임무를 다하는 것입니다. 이외 아이의 준비물 챙기기, 학교생활 체크하기, 숙제 확인하기 등은 부모가 맡아서 하는 것이 현명하다고 전문가들은 조언합니다.

이 책의 사용방법

① 만약 이 책을 중간에 받았다면, 그 날짜에 바로 시작하되 매월 1일이 되면 날짜에 맞춰 기도를 시작하십시오.

② 30일 동안 매일 적당한 시간을 내어, 글씨는 눈으로 읽되, 기도는 주님이 듣고 계신다는 믿는 마음으로 간절히 하십시오. 분명 응답 됩니다.

③ 본문 중「손주」단어에는 기도 때 손주 이름으로 바꿔 기도하십시오. 더 친밀하고 구체적인 기도가 됩니다.

④ 한 달 동안 기도하신 후, 다음 달 1일이 되면 다시 기도를 반복해도 좋습니다.

⑤ 5일 단위로 체크하도록 되어있는 '기도 체크표'에 횟수와 날짜, 우리 손주나 본인에게 나타난 변화를 간략하게 메모해두십시오. 손주의 신앙 성장이나 본인의 믿음 생활에 도움이 될 것입니다.

⑥ 이 책을 잘 보관했다가 손주가 성인이 됐을 때 유산 중 하나로 전하면 어떨까요?

● 기도할 때 손주의 머리에 손을 얹고 함께 하면 좋습니다.

차례

1일 우리 손주가 구원의 확신을 갖도록 하소서 8

2일 우리 손주가 하나님을 체험하는 삶이 되게 하소서 12

3일 우리 손주가 좋은 친구들과 이웃을 만나게 하소서 16

4일 우리 손주가 친구들에게 믿음의 본이 되게 하소서 20

5일 우리 손주가 갑작스러운 사고 중에도 안전하게 지켜 주소서 24

6일 우리 손주가 사랑의 부족함을 느끼지 않게 하소서 30

7일 우리 손주가 부모와 어른을 공경하게 하소서 34

8일 우리 손주가 하나님이 주신 비전을 통해 올바른 목표를 찾게 하소서 38

9일 우리 손주가 술, 담배, 게임, 음란물… 중독에 빠지지 않게 하소서 42

10일 우리 손주가 자존감을 갖고 열등감을 극복하게 하소서 46

11일 우리 손주가 좋은 식습관으로 건강을 지키게 하소서 52

12일 우리 손주가 나쁜 말을 멀리하고 좋은 언어 습관을 갖게 하소서 56

13일 우리 손주가 주님이 주신 은사와 재능을 발견하게 하소서 60

14일 우리 손주가 성적 때문에 과도한 스트레스를 받지 않게 하소서 64

15일 우리 손주가 미래에 대한 불안으로 세상을 두려워하지 않게 하소서 68

16일 우리 손주가 **기도와 성경 읽기, 봉사의 생활 습관을 갖게 하소서** 74

17일 우리 손주가 **정직한 헌금생활을 하게 하소서** 78

18일 우리 손주가 **바른 경제관념을 가지고 주님 뜻대로 사용하게 하소서** 82

19일 우리 손주가 **용서를 배우며 용서할 줄 아는 사람이 되게 하소서** 86

20일 우리 손주가 **말씀을 통해 지혜가 공부를 통해 지식이 충만하게 하소서** 90

21일 우리 손주가 **혼란한 세상에서 선한 분별력을 갖도록 하소서** 96

22일 우리 손주가 **좋은 선생님과 선후배를 만나게 하소서** 100

23일 우리 손주가 **하나님께 순종하는 삶을 살게 하소서** 104

24일 우리 손주가 **교회생활을 성실히/열심히 하게 하소서** 108

25일 우리 손주가 **인생에서 중요한 우선순위를 알게 하소서** 112

26일 우리 손주가 **경건한 삶을 살게 하소서** 118

27일 우리 손주가 **온유하고 겸손한 성품으로 성장하게 하소서** 122

28일 우리 손주가 **가족의 소중함을 마음 깊이 깨닫게 하소서** 126

29일 우리 손주가 **인내하며 기다리는 사람이 되게 하소서** 130

30일 우리 손주가 **성령의 열매를 맺게 하소서** 134

1일

우리 손주가
구원의 확신을 갖도록
하소서

기도하기 전 읽고 묵상할 성구

"하나님은 모든 사람이 구원을 받으며 진리를 아는 데에 이르기를 원하시느니라"(디모데전서 2장 4절)

"인자가 온 것은 잃어버린 자를 찾아 구원하려 함이니라"(누가복음19:100)

우리를 구원해 주신 주님을
영원히 찬양합니다.
주님, 세상에서 가장 중요한 사실은
주님이 우리를 사랑하셔서
십자가에서 흘리신 보혈로
우리 죄를 용서하시고 심판에서 구원해주시고
하나님의 자녀가 되는 특권을 주셨으며
우리 생명을 파멸에서 구속하신 기쁜 소식입니다.

우리 **손주**가 신앙의 연수에 상관없이
주님의 깊은 사랑을 깨닫고 또 체험함으로
주님의 살아계심과, 주님을 통한 구원을
마음 깊이 깨닫고 또 믿게 되는 은혜를 주소서.

주님을 알지 못하고는,
구원의 확신을 갖지 못하고는,

세상에서 그 어떤 것도 만족할 수 없고
행복하게 될 수 없다는 것을 깨닫고
먼저 주님을 아는 일을 힘써 행하게 하소서.

유니게와 같이 **손주**에게
복음을 꾸준히 전하고 성경을 가르치는
제가 되게 하시고
또 디모데와 같이 믿고 행동하는
손주가 되게 하소서.
예수님의 이름으로 기도합니다. 아멘.

영혼의 가장 깊은 갈증은 하나님을 향한 것이다.
그분께서 우리를 만드셨기 때문에
우리는 그분 없이는 결코 만족할 수 없다.
- F. F. 브루스 -

2일
우리 손주가
하나님을 체험하는
삶이 되게
하소서

기도하기 전 읽고 묵상할 성구

"그러므로 우리가 여호와(하나님)를 알자 힘써 여호와
(하나님)를 알자 그의 나타나심은 새벽 빛 같이 어김없
나니 비와 같이, 땅을 적시는 늦은 비와 같이 우리에게
임하시리라 하니라"(호세아 6장 3절)

살아서 역사하시고
늘 함께하시는 주님을
찬양합니다.
주님, 어린 사무엘을 불러 하나님을
체험하게 하시고
구원의 확신과 비전을 주셨던 것처럼
우리 **손주**에게도 동일한 은혜와 큰 복을
허락하여 주소서.

매주 그저 반복해서 교회에 나가서
예배만 드리고 오는 교회생활이 아니라,
매일 주님의 음성을 듣고
우리 **손주**의 삶에 행하시는 하나님의 손길을
체험하며 성장하는 주님의 자녀가 되게 하소서.

주님을 체험할 때
어떤 어려움도 이겨낼 힘을 얻고,
주님을 체험할 때
세상을 변화시킬 큰 비전을 세우고,
주님을 체험할 때
환난 중에도 넘치는 위로가 임할 줄 믿습니다.

다윗처럼 주님을 기뻐하며 찬양하는 삶으로
우리 **손주**의 인생을 인도하여주소서.
예수님의 이름으로 기도합니다. 아멘.

성경은 살아서 나에게 말씀하시며,
발이 있어 나를 쫓아오며,
손이 있어 나를 꼭 잡아주신다.
- 마틴 루터 -

3일

우리 손주가
좋은 친구들과 이웃을
만나게 하소서

기도하기 전 읽고 묵상할 성구

"많은 친구를 얻는 자는 해를 당하게 되거니와 어떤 친구는 형제보다 친밀하니라" (잠언 18장 24절)

모든 일을 합력하여 선을 이루시는 주님,
주님의 높고 크고 넓은 뜻을 찬양합니다.

주님, 오늘은 **손주**의 교우 관계를 위해
기도합니다.
다윗에겐 요나단 같은 친구를,
바울에겐 바나바와, 실라 같은 귀한 동역자를,
여호수아에겐 모세와 같은 좋은 리더를
붙여주신 주님,
동일한 만남의 은총을
우리 **손주**에게도 허락하소서.

몸과 마음, 신앙의 발전을 위해
서로 협력하며 도움을 줄 수 있는
귀한 친구와 주변 사람들을 만날 수 있게 하시고,

왕따나 학교 폭력과 같은 어려움을
당하지 않게 하시고,
그런 어려움을 당하는 친구들에게는
도움을 줄 수 있는 용감함을 주소서.

그리고 주님의 십대 시절처럼 키가 자라고
지혜가 자라면서 하나님과 사람들에게 사랑받는
리더십이 있는 **손주**가 되게 하소서.

손주의 만남 가운데 임하실 주님의 손길을 구하며
예수님의 이름으로 기도합니다. 아멘.

진정한 용기는 위험을 통과하라고 부추기는 것이 아니라
다만 어디서든 하나님의 사랑을 간구하는 것이다.
- 톰 화이트 -

4일

우리 손주가
친구들에게
믿음의 본이 되게
하소서

기도하기 전 읽고 묵상할 성구

"너희의 믿음의 역사와 사랑의 수고와 우리 주 예수 그리스도에 대한 소망의 인내를 우리 하나님 아버지 앞에서 끊임없이 기억함이니"(데살로니가전서 1장 5절)

만물을 창조하시고 운행하시는
전지전능하신 주님을 경배합니다.
우리를 사랑하사 끝까지 포기하지 않으시는
주님께 감사와 찬양을 드립니다.

우리를 구원하기 위하여
십자가에서 극한 고통을 당하시면서까지
우리에게 생명을 주신 주님을 송축합니다.

에스라를 통해 잊혔던 하나님의 말씀을
선명하게 알게 하시고
한 민족을 변화시키셨던 주님,
에스라처럼 지금 시대에 크게 쓰임 받는
귀한 주님의 자녀로 삼아주소서.

손주가 주님의 자녀로서 어디에 있든지
매일 주님의 인도하심을 체험하는 삶으로,
자주 만나는 친구들과 이웃들에게
행동으로 먼저 주님의 말씀을 전하게 하시고,
믿음의 본을 보이게 하소서.

잃어버린 영혼을 하나님께로 돌아오게 하는
일보다 더 귀한 일은 없을 줄로 믿습니다.
점점 주님을 떠나가는 이 시대에
베드로와 같이 많은 사람들을
주님께로 인도하는 귀한 주님의 일꾼으로
손주를 사용해주시고 영광 받으소서.
예수님의 이름으로 기도합니다. 아멘.

훌륭한 본보기는 최고의 설교이다.
- 페스탈로치 -

5일

우리 손주가 갑작스러운 사고 중에도 안전하게 지켜 주소서

기도하기 전 읽고 묵상할 성구

"네가 물 가운데로 지날 때에 내가 너와 함께 할 것이라 강을 건널 때에 물이 너를 침몰하지 못할 것이며 네가 불 가운데로 지날 때에 타지도 아니할 것이요 불꽃이 너를 사르지도 못하리니"(이사야 43장 2절)

우리를 눈동자처럼 지키시고 보호하시는
주님께 감사와 찬양을 드립니다.
사건 사고가 끊이지 않는 세상에서
주님의 놀라운 능력으로
우리 **손주**와 그의 친구들을 지켜주소서.

다니엘과 세 친구를 사자굴에서
풀무불에서 지켜주시고 보호하신 것처럼
위험한 상황에서도 **손주**를 지켜주시고,

요나를 물고기 뱃속에서 꺼내주신 것처럼
손주가 위험한 상황에 처하더라도
주님의 도움으로 무사히 빠져나오고
안전하게 해주소서.

한창 호기심 많고 장난이 심할 나이지만

그래도 안전에 있어서만큼은

철저한 습관을 들이며 안전벨트 착용과 같은

작은 행동도 빠짐없이 실천하며

위험한 장소는 멀리하게 하소서.

주님 안에 있는 것이 절대 안전지대이니

늘 주님 안에 있게 하소서.

예수님의 이름으로 기도합니다. 아멘.

강추 재난 재해 안전 무릎 기도문 30

부모/조부모용

자녀/손주용

학문의 최대의 적은 자기 마음속에 있는 유혹이다.
- 처칠 -

★ 손주에게 주고 싶은 책 ★

구원의 확신을 갖는 것은 나이를 불문하고 너무나 중요한 일입니다.

구원의 확신을 위해서 가장 중요한 것은 물론 성경이지만, 성경이 때로는 아이들의 눈높이에는 약간 어렵게 느껴질 수 있습니다. 그러므로 어린이도 이해할 수 있는 쉬운 성경을 이용하면 어른도 아이도 좋습니다.

그리고 **주일날 들은 설교를 다시 설명해 줘도 좋습니다.**

또 한 방법으로 큰 도움을 줄 수 있는 책이 바로 천로역정입니다. 존 번연이 감옥에서 영감을 받아 쓴 천로역정은 성경 다음으로 많이 읽히는 책입니다.

소설 형식이기에 읽는 재미가 있으면서도 내용이 복음적이고 어린이용, 교재용과 같이 다양한 시리즈가 있기에 (기독교 전문 서점 문의 또는 인터넷 검색 요망) 어린 손주들이 성경 읽기를 어려워한다면, 혹은 복음에 관한 책을 선물하고 싶다면 쉽게 쓰인 천로역정이나 만화로 된 경건 서적을 준비해 함께 보면서 대화하는 것이 좋습니다.

기도 체크표

각 회차 기도한지 5일이 지났습니다.
5일 동안 기도하면서 경험한 변화를 기록해보세요.
당신이 기도한 만큼 장래가 보장된 손주로 성장할 것입니다.

횟수	시작일	자신이나 손주에게 나타난 변화
1 회		
2 회		
3 회		
4 회		
5 회		
6 회		
7 회		
8 회		
9 회		
10 회		
11 회		
12 회		

6일

우리 손주가
사랑의 부족함을
느끼지 않게
하소서

기도하기 전 읽고 묵상할 성구

"그런즉 믿음, 소망, 사랑 이 세 가지는 항상 있을 것인데 그 중의 제일은 사랑이라" (고린도전서 13장 13절)

우리를 늘 풍성하게 채워주시는 주님,
주님의 놀라운 사랑을 찬양합니다.
우리 **손주**의 마음에 주님의 놀라운 사랑을
넘치도록 채워주시기를 기도합니다.

예민한 성장기 때는 쉽게 상처받고
또한 채워지지 않는 갈급함으로
어려움을 겪고 고민하기도 합니다.

부모나 어른들의 작은 실수때문에
큰 상처를 받기도 하고,
친구들로부터 소외받지 않기 위해서
과도한 행동이나 탈선을 하기도 합니다.

그러나 귀한 우리 **손주**가, 자기를 위해
늘 기도하며 노력하는 저와 부모와

성도들이 있음을 알게 하시고,
무엇보다도 다함이 없이 풍성히 채워주시는
주님의 사랑이 언제나 **손주**의 마음 안에 있음을
한시도 잊지 않고 살아가게 하소서.

주님이 주시는 놀라운 사랑이
손주와 **손주**의 가정 안에 있기를 기도합니다.
또한 우리 **손주**가 주님의 사랑을 깨닫도록
특별히 신경 쓰고 배려하는 가정과 부모와
제가 되기를 원합니다.
예수님의 이름으로 기도합니다. 아멘.

세상에는 빵 한 조각 때문에 죽어가는 사람이 많다.
그러나 작은 사랑을 받지 못해 죽어가는 사람들이 더 많다.
- 마더 테레사 -

7일

우리 손주가
부모와 어른을
공경하게
하소서

기도하기 전 읽고 묵상할 성구

"너는 네 하나님 여호와께서 명령한 대로 네 부모를 공경하라 그리하면 네 하나님 여호와가 네게 준 땅에서 네 생명이 길고 복을 누리리라"
(신명기 5장 16절)

큰 복을 넘치도록 주시는 주님을 경배합니다.

주님의 말씀을 깨닫는 것이 큰 복이며

주님께서 형통케하는 것이 행복임을

우리 **손주**도 알게 되기를 간절히 소망합니다.

부모를 공경하는 것은 하나님이 주신

중요한 약속이 있는 말씀입니다.

그 말씀의 중요성을 **손주**가 깨달아

반드시 지키게 하시고

그 말씀을 지킴으로 주님께서 약속하신

장수와 부귀와 영화를 누리는 삶이 되게 하소서.

하나님의 말씀은

상황과 기분에 따라 지키는 것이 아니라

언제나, 어느 때나 지켜야 함을 알게 하시고

때로는 마음이 불편할지라도,

혹은 부모님이 이해가 되지 않을지라도
그래도 말씀이기에 먼저 이해하고,
순종하는 자세를 허락하시고,

주님을 사랑하며 말씀에 순종하며
부모님을 공경하는 자세를 통해
주님을 섬기는 귀한 자녀로
손주를 성장시켜 주소서.
손주가 부모나 어른을 공경하면
영육이 잘 되며, 장수한다는 약속의 말씀을
깨닫고 순종하게 하소서.
예수님의 이름으로 기도합니다. 아멘.

예의를 지키는 사람은 이자로 살고,
그것을 무시하는 자는 본전을 까먹는다.
- 호프만슈탈 -

8일

우리 손주가
하나님이 주신
비전을 통해
올바른 목표를 찾게
하소서

기도하기 전 읽고 묵상할 성구

"형제들아 나는 아직 내가 잡은 줄로 여기지 아니하고 오직 한 일 즉 뒤에 있는 것은 잊어버리고 앞에 있는 것을 잡으려고 푯대를 향하여 그리스도 예수 안에서 하나님이 위에서 부르신 부름의 상을 위하여 달려가노라"(빌립보서 3장 13,14절)

새로운 영으로 우리를 소생시키시고,
좋은 것으로 소원을 이루어 주시는 주님을
매일 새로운 찬양으로 송축합니다.

그리고 나의 목자가 되시어
나를 푸른 초장에 누이시며
쉴만한 물가로 인도해 주시는
주님의 사랑에 감사합니다.

손주에 대해 우리의 생각보다 훨씬 큰 계획과
놀라운 비전을 가지고 계시는 주님,
주님의 그 놀라운 계획을 **손주**가 자라가면서
조금씩이라도 깨달아가게 하소서.

에스더를 왕후의 자리에 오르게 하심으로
이스라엘 민족을 구원하셨던 것처럼,

한 걸음 한 걸음 주님의 인도하심을 따라
세상을 향해 놀라운 영향력을 끼칠 수 있는
경건한 **손주**가 되도록 하루하루를 세워주소서.

개인적인 성공과 영욕에 치중한
허황된 꿈이 아니라
사람을 이롭게 하고, 주님을 기쁘시게 하는
참된 비전을 찾아 이루는 삶을
손주에게 허락하소서.
예수님의 이름으로 기도합니다. 아멘.

진정한 위험은 높은 목표를 잡고 실패하는 것이 아니라
낮은 목표를 잡고 성공하는 것이다.
- 미켈란젤로 -

9일

우리 손주가
술, 담배, 게임, 음란물…
중독에 빠지지 않게
하소서

기도하기 전 읽고 묵상할 성구

"낮에와 같이 단정히 행하고 방탕하거나 술 취하지 말며 음란하거나 호색하지 말며 다투거나 시기하지 말고" (로마서 13장 13절)

십자가의 보혈로 모든 죄를 용서해주신
주님을 기뻐하며 찬양합니다.
우리의 삶에 가장 귀한 것이 주님을 향한
예배가 되게 하시고
주님의 이름 외에 다른 것을 높이거나
섬기지 않도록
저와 저희 가족, 귀한 **손주**의 마음을
다잡아 주소서.

주님은 우상을 섬기는 것을 싫어하십니다.
주님보다 조금이라도 더 즐거워하고
그 일에 빠지는 것들, 모든 중독들은 다
우상과 마찬가지입니다.

주님을 알고 그 사랑에 기뻐하는 것이
사람이 누릴 수 있는 가장 귀한 것임을

손주가 일찍이 알게 하시고,
게임, 술, 담배, 음란물 등
우리 몸과 마음을 상하게 하면서
시간을 낭비하게 하는 모든 좋지 않은 습관들에
중독되지 않도록 마음을 지켜주소서.

주님을 예배하고 말씀을 묵상하고 기도에
방해하는 즐거움도 과감히 경계할 줄 아는
경건한 심령을 간구하는 주님의 자녀로
손주를 자라게 하소서.
예수님의 이름으로 기도합니다. 아멘.

하나님은 살아계신다.
성경에 나온 것처럼 하나님은 말씀을 그대로 지키시며
약속하신 모든 것을 분명하게 행하신다.
- 허드슨 테일러 -

10일

우리 손주가
자존감을 갖고
열등감을 극복하게
하소서

기도하기 전 읽고 묵상할 성구

"그러나 너희는 택하신 족속이요 왕 같은 제사장들이
요 거룩한 나라요 그의 소유가 된 백성이니 이는 너희
를 어두운 데서 불러내어 그의 기이한 빛에 들어가게 하
신 이의 아름다운 덕을 선포하게 하려 하심이라"(베드로
전서 2장 9절)

주님의 형상을 따라 귀한 모습으로
우리를 창조하시고 새 생명을 허락하신
주님을 더욱 기뻐하며 찬양합니다.

주님은 사람의 마음을 보시지만
사람들의 시선은 마음보다
오로지 세상의 가치관과 외모에만 쏠려 있고,
점점 더 보이는 것만을 중요하게 여깁니다.

이런 잘못된 사람들의 가치관이
우리 **손주**의 삶에는 자리 잡지 않게 지켜주시고,
행여나 그런 시선을 의식함으로
열등감에 빠지지 않도록 마음을 지켜주소서.

세상의 무엇과도 비교할 수 없는
주님이 창조하신 가장 귀한 작품이

바로 **손주** 자기 자신임을 알게 하시고
사람들의 비난과 잘못된 언행들로 상처없이
손주의 마음과 생각을 지켜주소서.

우리 영혼을 소생시키시고
주님의 이름을 위하여
우리를 의의 길로 인도하시는 주님,
우리가 사망의 음침한 골짜기로 다닐지라도
주님께서 함께하시며 지팡이와 막대기로
손주와 나를 안전하게 보호해 주시니
어떤 경우도 두려워하지 않게 하소서.
예수님의 이름으로 기도합니다. 아멘.

당신의 동의 없이는 그 누구도 당신에게
열등감을 느끼게 할 수는 없다.
- 엘리너 루즈벨트 -

★ 손주를 적당히 칭찬하세요 ★

기독교 철학자인 콜리츠에게 한 무신론자가 신앙을 논리적으로 설명해달라고 부탁하자 그는 딱 세 마디로 대답했습니다.
"말씀을 믿어보십시오. 말씀을 실천해 보십시오. 그러면 자연스레 알게 될 것입니다."
기독교 신앙에서 가장 중요한 것은 체험입니다. 그렇기에 평소 손주와 함께 기도 제목을 적거나, 응답받은 내용을 물어보며 응답하시는 하나님에 대해서 생각할 수 있는 기회를 주십시오. 또한 기도 노트를 선물해서 하나님께 간구할 기도 제목과 그 응답에 대한 내용을 적어보는 것도 큰 도움이 됩니다.

그리고 적당히 칭찬하십시오. 스탠퍼드 대학교에서 칭찬이 학생에게 어떤 영향을 미치는지 실험을 했습니다. 성적과 칭찬의 관계를 밝히려고 했는데, 실험을 통해 연구팀은 어떻게 칭찬을 하는지가 더 중요하다는 것을 알게 되었습니다.

아주 쉬운 시험일지라도 잘 받은 점수를 칭찬받은 아이들보다 시험을 보기 위한 노력을 칭찬받은 아이들은 더 어려운 문제에 도전하려고 스스로 노력했고, 자기 주도적으로 공부했습니다. 반에서 1등을 하는 것도, 뛰어난 재능을 가진 것도 좋지만 그것보다는 아이가 더 나은 삶을 살 수 있게 과정과 노력을 칭찬해 주는 것이 훨씬 지혜로운 방법입니다.

기도 체크표

각 회차 기도한지 10일이 지났습니다.
10일 동안 기도하면서 경험한 변화를 기록해보세요.
당신이 기도한 만큼 장래가 보장된 손주로 성장할 것입니다.

횟수	시작일	자신이나 손주에게 나타난 변화
1 회		
2 회		
3 회		
4 회		
5 회		
6 회		
7 회		
8 회		
9 회		
10 회		
11 회		
12 회		

11일

우리 손주가
좋은 식습관으로
건강을 지키게
하소서

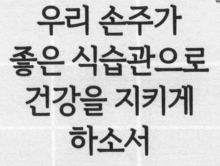

"그런즉 너희가 먹든지 마시든지 무엇을 하든지 다 하나님의 영광을 위하여 하라"(고린도전서 10장 31절)

우리의 모든 죄악을 용서하시며

우리의 모든 병을 고치시며

우리의 생명을 파멸에서 속량하시고

인자와 긍휼로 관을 씌우시며

좋은 것으로 우리 소원을 만족케 하시며

늘 새롭게 하시는 주님의

거룩하신 이름을 송축합니다.

치열한 사회 생활과 깊은 수렁에 있을 때도

우리의 방패가 되시는 주님, 감사합니다.

하나님의 귀한 비전을 이루어가는

소중한 자녀로 **손주**가 성장하기 위해서

좋은 식습관을 가질 수 있기를 기도합니다.

매일 하나님이 공급하여 주시는 귀한 음식을

가리거나 낭비하지 않고 오직 감사한 마음으로

적당한 양을 기쁘게 섭취하게 하소서.

몸에 필요한 영양분을 골고루 섭취하게 하시고,
패스트푸드와 탄산음료같이
건강에 덜 유익한 음식들은 적당히 먹게 하소서.

매일 먹는 음식들을 맛있게 먹게 하시고
주님의 창조 원리에 따라서 면역력이 좋아지고,
각종 바이러스와 병원균을 물리치며
건강이 지켜지고 회복되는 역사가
매일 **손주**의 삶에 일어나게 해주소서.
예수님의 이름으로 기도합니다. 아멘.

근육을 잘 운동시켜라. 그러면 신경은 늘 절약될 것이다.
- 쇼펜하우어 -

12일

우리 손주가
나쁜 말을 멀리하고
좋은 언어 습관을
갖게 하소서

기도하기 전 읽고 묵상할 성구

"그러므로 생명을 사랑하고 좋은 날 보기를 원하는 자
는 혀를 금하여 악한 말을 그치며 그 입술로 거짓을 말
하지 말고 악에서 떠나 선을 행하고 화평을 구하며 그
것을 따르라"(베드로전서 3장 10,11절)

저의 반석이시고, 저의 요새이시고
저의 방패시요, 저의 구원이시요
저의 산성이시며, 저의 힘이신 주님,
주님을 사랑합니다.

세상 가운데 우리를 불러 세우시고,
세상을 이길 힘과 지혜를
넘치게 부어주시는 주님, 감사합니다.

그 주님을 닮아 생각과 말이
지혜로워지고, 경건해지고, 겸손해지는
손주가 되게 주님께 간구합니다.

주님이 주신 귀한 입과 혀를 통해
말을 할 때, 남에게 상처를 준다든지
자신을 열등감에 빠뜨리는

부정적인 말을 하지 않게 막아주시고,

주님을 찬양하기에 합당한
경건함과 정결함으로 오직
주님이 기뻐하시는
바르고 고운 영향력 있는 말만 사용하게
손주의 마음과 생각과 혀를 주장하여 주소서.

경건한 말을 쓰는 정결한 모습으로
주님의 자녀에 합당하게
주님의 큰 복을 받는 자녀가 될 줄 믿습니다.
예수님의 이름으로 기도합니다. 아멘.

사람들은 매일 두 가지 일 중 하나를 반복하고 있다.
건강을 바로 세우거나, 스스로 병을 만들거나.
- 아델 데이비스 -

13일

우리 손주가
주님이 주신 은사와
재능을 발견하게
하소서

기도하기 전 읽고 묵상할 성구

"너희는 더욱 큰 은사를 사모하라 내가 또한 가장 좋은 길을 너희에게 보이리라"(고린도전서 12장 31절)

만왕의 왕이시며, 만주의 주가 되시는
전지전능하시며 언제나 함께하시는 주님,
나보다 나를 더 잘 아시며 심중을 헤아리시는
주님께 모든 영광을 돌립니다.
우리 **손주**를 향한 하나님의 놀라운 계획을 통해
주님이 주신 은사와 재능을 매일 발견해나가는
손주가 되게 인도해 주소서.

모세는 80세에 하나님이 주신 비전을 발견했고,
12제자도 주님을 만나기 전까지는
그저 평범한 사람들이었습니다.
그러나 주님을 만남으로 모든 것이 변했습니다.

혹여 아직 주님이 주신 은사나 재능을
손주가 발견하지 못했다 하더라도
실수하지 않으시는 주님이심을 굳건히 믿고

시간을 낭비하지 않으며
지금 할 수 있는 최선을 다해 미래를
탄탄하게 준비하게 하소서.

주님을 예배하고 체험하는 것이
가장 중요한 것임을 잊지 않게 하시고,
손주와 늘 동행해주시는 주님을 통해
자신의 재능과 은사, 삶의 목표를 찾을 수 있게
주님께서 아름답게 인도해 주소서.
예수님의 이름으로 기도합니다. 아멘.

재능이 없다고 말하는 사람들은 대부분
별로 시도해 본 일이 없는 사람들이다.
- 앤드류 매튜스 -

14일

우리 손주가
성적 때문에 과도한
스트레스를 받지 않게
하소서

기도하기 전 읽고 묵상할 성구

"세상의 염려와 재물의 유혹과 기타 욕심이 들어와 말씀을 막아 결실하지 못하게 되는 자요"(마가복음 4장 19절)

저를 심판에서 구원해주신 주님,
만물의 주인이 되시는 주님을
의지하며 찬양합니다.
손주가 과도한 학업의 스트레스에서 벗어나
학창시절이란 인생의 중요한 과정을
온전히 잘 성공적으로 마칠 수 있도록
주님께 간구합니다.

좋은 씨가 자라나서 좋은 열매를 맺는 것이
주님이 창조하신 세상의 법칙입니다.
손주가 먼저 노력이라는 좋은 씨를 심게 하시고,
그 노력을 방해하는 다른 유혹들을
요셉과 같이 지혜롭게 이겨내게 도와주소서.

가끔 노력한 만큼, 생각한 만큼
성적이 오르지 않을 수도 있습니다.

그러나 공부의 목적이
오로지 성적이 아님을 알게 하시고,
그 과정을 통해 더 많이 배우고
지혜로워질 수 있도록 모든 배움의 과정을
주님께서 인도해주소서.

성적에 너무 민감하게 반응하지 않도록
부모들의 마음도 온유하게 이끌어 주시고
편안한 마음으로 최선을 다해 노력할 수 있게
손주의 학업과 환경을 인도해주소서.
예수님의 이름으로 기도합니다. 아멘.

산을 움직이려 하는 사람들은
먼저 작은 돌을 들어내는 일을 시작한다.
- 공자 -

우리 손주가
미래에 대한 불안으로
세상을 두려워하지 않게
하소서

"내 영혼아 네가 어찌하여 낙심하며 어찌하여 내 속에
서 불안해 하는가 너는 하나님께 소망을 두라 그가 나
타나 도우심으로 말미암아 내가 여전히 찬송하리로다"
(시편 42편 5절)

우리에게 영원한 생명을 주시고

하나님의 자녀가 되게 하시며,

세상을 이기는 힘을 주시는 주님,

마지막까지 우리와 함께 하신다고

굳건히 약속하신 주님을 찬양하며 경배합니다.

그 약속을 믿음으로

주님이 주시는 평강을 누리게 해주소서.

주님의 약속은 천지는 변할지라도

세상의 마지막까지 결코 변함이 없습니다.

세상 끝 날까지 함께 하신다고 약속하시는 주님!

우리 **손주**의 삶에도 언제나

그 약속처럼 함께 해주시고,

주님과 함께 함으로, 더욱 담대해져서

세상에 주눅 들지 않고 당당히 나아가도록

손주를 온유하지만 강하게 성장케 해주소서.
주님과 함께할 때 강력한 권력을 지닌 사람도
다니엘처럼, 느헤미야처럼,
담대히 주님의 말씀을 실행할 수 있습니다.

그런 놀라운 믿음을 가질 수 있도록
손주의 삶에 함께 해주시고,
그런 주님과 함께 당당히 세상에 나아가
주님께 영광을 돌리는 놀라운 삶으로
사용해주시고, 믿음으로 승리케 하소서.
예수님의 이름으로 기도합니다. 아멘.

당신이 어떤 위험을 감수하느냐에 따라
당신이 가치 있게 여기는 것이 무엇인지 알 수 있다.
- 자넷 윈터슨 -

★ 바른 공감력 심어주는 팁 ★

학교 폭력과 왕따는 점점 어린 학생들 사이에서도 큰 문제가 되고 있습니다.

그런데 이 문제를 해결하기 위해서 가장 중요한 것은 '공감력'입니다. 내가 느끼는 감정을 다른 친구도 느낀다는 것을 아이들이 깨달을 때, 나를 소중히 여기고 남을 괴롭히지 않게 되며 그러면서 진정한 우정과 친구 관계를 쌓게 되기 때문입니다.

아이에게 바른 공감력을 심어주기 위해서는 다음의 지침을 참고하십시오.

1. 아이의 자존감을 높일 수 있게 자주 칭찬하라.

2. 아이의 말과 행동과 생각에 먼저 공감해줘라.

3. 먼저 아이를 편들어주되 상대방도 이해할 수 있게 설득하라.

4. 사회성은 수동적이 아니라 능동적이니 아이가 스스로 하게 하라.

5. 꾸준히 지원하고 끊임없이 노력하라.

이보다 더 중요하고 효과적인 것이 있습니다. 주님께 손주의 높은 공감력을 위해 수시로, 그리고 때마다 일마다 기도하십시오. 우리의 노력보다 비교할 수 없이 좋은 결과를 보게 됩니다.

기도 체크표

각 회차 기도한지 15일이 지났습니다.
15일 동안 기도하면서 경험한 변화를 기록해보세요.
당신이 기도한 만큼 장래가 보장된 손주로 성장할 것입니다.

횟수	시작일	자신이나 손주에게 나타난 변화
1 회		
2 회		
3 회		
4 회		
5 회		
6 회		
7 회		
8 회		
9 회		
10 회		
11 회		
12 회		

16일

우리 손주가
기도와 성경 읽기,
봉사의 생활 습관을
갖게 하소서

기도하기 전 읽고 묵상할 성구

"육체의 연단은 약간의 유익이 있으나 경건은 범사에
유익하니 금생과 내생에 약속이 있느니라"(디모데전서 4장
8절)

갈 길 몰라 방황하던 우리를
십자가의 사랑으로 불러 구원해주시고,
지금은 하나님 보좌 우편에서
우리를 위해 간구하고 계시며
우리가 어디에 있든지 그곳에 이미 계시는 주님,
주님이 주시는 놀라운 은혜를
오늘도 간구합니다.
습관을 쫓아 새벽에 기도하셨던 주님처럼
주님을 삶의 최우선에 놓는 좋은 경건의 습관들을
지금의 때부터 실천하는 **손주**가 되게 하소서.

성경의 모든 믿음의 사람들은
언제나 삶 가운데 먼저 주님 앞에 나가
기도하며, 찬양하며, 예배하였습니다.

우리 **손주**의 삶도 그러하도록
주님께서 이끌어주시고,
믿음의 분량에 맞게 하루의 시작을
먼저 말씀과 기도로 주님께 드리고 시작하는
경건한 자녀로 삼아 주소서.

또한 그런 경건의 습관이
단순히 습관으로 끝나지 않고,
삶으로 이어져 경건의 능력으로
이어지게 하시고,
매일 듣는 주님의 음성이
올바른 삶을 살아나가는 지표의 말씀이 되기를
예수님의 이름으로 기도합니다. 아멘.

거룩한 삶의 아름다움은 성령의 능력 다음으로
세상에서 값진 것이다.
- 파스칼 -

17일

우리 손주가
정직한 헌금생활을
하게 하소서

기도하기 전 읽고 묵상할 성구

"주라 그리하면 너희에게 줄 것이니 곧
후히 되어 누르고 흔들어 넘치도록 하
여 너희에게 안겨 주리라 너희가 헤아
리는 그 헤아림으로 너희도 헤아림을
도로 받을 것이니라"(누가복음 6장 38절)

우리의 생사화복을 주관하시는
전지전능하신 주님의 능력을 찬송합니다.
우리에게 영원한 생명을 주시고
하나님의 자녀 삼아 주시고
복에 복을 더해 주심을 감사합니다.
정직한 마음으로 성실히 주님을 섬길때
더 강건한 힘이 되시는 주님을 찬양합니다.

주님을 무엇보다도 사랑하고
최고로 여긴다고 고백하면서도
정작 적은 돈으로 계산하고
시험에 드는 연약한 모습이 되지 않게
바른 헌금생활을 하는 **손주**가 되게 하소서.

아무리 적은 돈도 철저하게 먼저
주님께 드릴 것을 드리게 하시고,

습관에 따라 헌금통에 돈을 넣는 것이 아니라
주님을 위한 일에 적게나마 사용되기를
바라는 간절한 마음으로 봉헌하게 하소서.
어떤 상황에서도 아까워하지 않고
오로지 감사한 마음으로 헌금생활을
정직하고 철저하게 지킬 수 있도록
손주의 마음과 손을 지켜주소서.

또한 **손주**에게 귀한 본을 보일 수 있도록
저와 부모들도 먼저 철저히 헌금생활을 하도록
마음과 손을 인도해주소서.
예수님의 이름으로 기도합니다. 아멘.

인간의 마지막 회개는 지갑의 회개이다.
- 요한 웨슬레 -

18일

우리 손주가
바른 경제관념을 가지고
주님 뜻대로 사용하게
하소서

기도하기 전 읽고 묵상할 성구

"흩어 구제하여도 더욱 부하게 되는 일이 있나니 과도히 아껴도 가난하게 될 뿐이니라"(잠언 11장 24절)

우리의 선한 목자가 되시어
우리에게 부족함이 없게 하시는 주님,
우주 만물의 주님이 되시고
우리의 필요를 풍성하게 채워주시는
주님의 놀라운 섭리와 은혜를 찬양합니다.

주님께서 우리가 세상을 살아갈 때
뱀과 같은 지혜와 비둘기 같은 순결함이
동시에 필요하다고 말씀하신 것처럼
삶에서 중요한 경제의 흐름과
그것을 바르게 사용하는 법을
우리 **손주**가 어린 나이부터 관심을 갖고
조금씩 공부하게 하소서.

돈을 바르게 사용하면 좋은 것이지만
돈을 사랑하며 잘못 사용하면

만악의 뿌리가 됨을 알고
그것에 마음을 빼앗기지 않게 하시고,
말씀을 따라 지혜롭게 사용하게 하소서.

가능하다면 물질의 큰 복을
손주에게 주셔서 올바른 청지기로써
많은 사람들에게 유익한 일을 할 수 있는
아브라함과 같은, 욥과 같은, 빌레몬과 같은
주님의 자랑스런 사람으로 성장하게
손주의 삶을 인도하며 주장하여 주소서.
예수님의 이름으로 기도합니다. 아멘.

버는 것보다 적게 쓰는 법을 안다면
현자의 돌을 가진 것과 같다.
- 벤자민 프랭클린 -

19일

우리 손주가
용서를 배우며
용서할 줄 아는
사람이 되게
하소서

"그러므로 너희는 하나님이 택하사 거룩하고 사랑 받
는 자처럼 긍휼과 자비와 겸손과 온유와 오래 참음을
옷 입고 누가 누구에게 불만이 있거든 서로 용납하여
피차 용서하되 주께서 너희를 용서하신 것 같이 너희도
그리하고 이 모든 것 위에 사랑을 더하라 이는 온전하
게 매는 띠니라"(골로새서 3장 12-14절)

우리의 모든 죄를 보혈로 용서해 주신 주님,
진정한 회개와 자백을 받아주시고
또 용서해주시며 불의에서 깨끗케 해주시는
주님께 감사합니다.

주님 너무나 연약한 저희의 모습을 탓하지 않고
회개하거나 자백 할 때마다 받아주시는 것처럼
놀라운 용서의 성품을 **손주**에게도 허락해주소서.

사람들과 다투지 않고 세 번이나
동굴같은 우물을 팠던 이삭처럼 온유하게 하시고,
자기를 버린 형들을 정죄하지 않고
오로지 주님께 영광을 돌렸던 요셉과 같이
주님의 말씀을 따라 일흔 번씩 일곱 번이라도
용서하는 놀라운 성품을 갖게 하소서.

그러나 주님, 무엇보다도 가장 놀라운 용서는
이 땅에 오신 주님이 보여주신 용서입니다.
우리의 생명을 살리신 주님의 용서를
손주가 잊지 않게 하시고,

매번 연약하여 넘어질 때마다,
회개나 자백할 때마다 다시 받아주시는
주님의 크신 은혜와 긍휼을 기억하므로
주위 사람들을 언제나 먼저 용서하고자 하는
선한 마음으로 항상 **손주**를 인도하여 주소서.
예수님의 이름으로 기도합니다. 아멘.

어리석은 자는 용서하지도 잊지도 않는다. 순진한 자는 용서하고 잊는
다. 현명한 자는 용서는 하되 잊지는 않는다.
- 토머스 사즈 -

20일

우리 손주가
말씀을 통해 지혜가
공부를 통해 지식이
충만하게
하소서

기도하기 전 읽고 묵상할 성구

"곧 지혜가 네 마음에 들어가며 지식이 네 영혼을 즐겁
게 할 것이요 근신이 너를 지키며 명철이 너를 보호하여
악한 자의 길과 패역을 말하는 자에게서 건져 내리라"
(잠언 2장 10-13절)

주님을 믿고 구하는 자에게는
언제나 지혜를 후히 주시는 주님,
넘치도록 부어주시는 주님의 은혜를 찬양합니다.

주님, 세상의 지식만 가지고는
부족한 것들이 너무나 많습니다.
그 놀라운 지식들을 제대로 활용하기 위해서는
말씀을 통해 배울 수밖에 없는
주님이 주시는 지혜가 필요합니다.

주님과 같이 **손주**가 몸이 자라며
지혜와 믿음도 충만하게 자라나게 되기를
전지전능하신 주님께 간절히 기도합니다.

나날이 신속하게 발전하는 세상 속에서
주님이 주시는 비전에 맞는

지식과 지혜를 주소서.

지식과 지혜를 올바로 활용해
세상의 속도에 뒤처지지 않고 앞서가는
손주가 되게 하소서.

세상의 지식들을 말씀의 지혜를 통해
올바로 활용하고 또 혼란한 세상에서
바른 방향을 제시하는 실력있는 크리스천으로
손주를 세워주소서.
예수님의 이름으로 기도합니다. 아멘.

영리한 사람이 결코 벗어나지 못할 곤란한 상황에서
요령 있게 빠져나오는 사람이 지혜로운 사람이다.
- 탈무드 -

★ 재난에 대비한 7가지 안전 수칙 ★

최근 번번이 발생하는 여러 재난사고 때문에 자녀를 둔 부모님들의 마음이 매우 불안합니다. 안전교육은 평온할 때 교육되어야 비로소 효과가 있다는 것을 잊지 말고, 안전의 중요성을 아이들에게 주의시켜야 합니다.

다음은 보건복지부에서 발표한 **부모님이 신경 써야 할 7가지 안전 수칙**입니다.

1. 집에서의 활동
2. 화재와 화상
3. 중독과 질식
4. 교통안전
5. 놀이와 운동
6. 유괴와 성폭력
7. 재빠른 응급조치

부모/조부모용

그런데 그 모든 것보다 가장 중요한 것은 하나님께 보호해달라고 기도하며 맡기는 것입니다. 이에 다시 무릎 기도문 책을 강력히 추천합니다.

자녀/손주용

(검색창에서 「재난재해 안전 무릎 기도문」 검색 요망)

기도 체크표

각 회차 기도한지 20일이 지났습니다.
20일 동안 기도하면서 경험한 변화를 기록해보세요.
당신이 기도한 만큼 장래가 보장된 손주로 성장할 것입니다.

횟수	시작일	자신이나 손주에게 나타난 변화
1 회		
2 회		
3 회		
4 회		
5 회		
6 회		
7 회		
8 회		
9 회		
10 회		
11 회		
12 회		

21일

우리 손주가 혼란한 세상에서 선한 분별력을 갖도록 하소서

기도하기 전 읽고 묵상할 성구

"보라 내가 너희를 보냄이 양을 이리 가운데로 보냄과
같도다 그러므로 너희는 뱀같이 지혜롭고 비둘기 같이
순결하라"(마태복음 10장 16절)

빛나고 높은 보좌에 앉으신 엄위하신 주님.
구원의 길을 허락하신 주님을 찬양합니다.
길이요, 진리이며, 생명이신 주님을 따라
혼잡한 세상에서 바르게 분별할 줄 아는
손주가 되기를 기도합니다.

세상을 살아가며 점점 많은 것을 배우게 되는데
세상의 학문, 만나는 사람들,
각종 매체와 매스컴,

그런 것들을 통해서 때로는
말씀과 반대되는 것을 접할 때도 있고,
잘못 포장된 거짓 진리를 배우며
갈등을 하게 될 때도 있을 것입니다.

그러나 세상의 잘못된 지식에

현혹되지 않게 **손주**를 지켜주시며,
손주의 마음 안에 주님의 말씀을 통해
반석 위의 믿음으로 굳건하게 해주소서.

어떤 상황에서도, 어떤 의심이 찾아와도,
진리의 근간인 주님의 말씀을 통해
구원과 믿음과 가치관이 흔들리지 않게
영과 육을 지켜주시고
혼란한 세상 속에서 바른 분별력을 갖도록
우리 **손주**를 도와주시고 인도하여 주소서.
예수님의 이름으로 기도합니다. 아멘.

분별력은 겸손함을 갖출 때 두 배의 빛을 발한다.
- 윌리엄 펜 -

우리 손주가
좋은 선생님과
선후배를 만나게
하소서

기도하기 전 읽고 묵상할 성구

"제자가 그 선생보다 높지 못하나 무릇 온전하게 된 자는 그 선생과 같으리라"(누가복음 6장 40절)

졸지도 않고 주무시지도 않고 한결같이
우리를 눈동자처럼 지켜주시며
인도하시는 주님을 찬양합니다.
손주의 삶의 모든 영역에도
주님의 보호가 임하기를 간절히 기도합니다.

만남을 통해 역사하시는 주님!
엘리사에게는 엘리야라는 좋은 스승을,
바울에게는 바나바라는 훌륭한 후견인을
다윗에게는 요나단이라는 베스트 프렌드를
허락하신 주님이 **손주**의 삶에도
꼭 필요한 사람들을 붙여주실 줄 믿습니다.

손주가 하나님이 주신 사명을 감당하는데
꼭 필요한 것을 배우고,
더 나은 신앙의 길을 걸어갈 수 있도록

좋은 관계의 큰 복을 허락하여 주소서.

때로는 관계로 인해
어려움을 당할 때도 있습니다.
그러나 그런 중에도 우리 **손주**가
욥과 같이 지혜롭게 극복하게 하시고
결국 그 일을 통해
주님이 선을 행하셨다는 요셉의 고백이
손주의 삶의 고백이 되기를
예수님의 이름으로 기도드립니다. 아멘.

단 한 번의 만남도 하늘이 맺어준 인연이다.
- 중국 속담 -

우리 손주가
하나님께 순종하는
삶을 살게
하소서

기도하기 전 읽고 묵상할 성구

"사무엘이 이르되 여호와(하나님)께서 번제와 다른 제
사를 그의 목소리를 청종하는 것을 좋아하심 같이 좋아
하시겠나이까 순종이 제사보다 낫고 듣는 것이 숫양의
기름보다 나으니"(사무엘상 15장 22절)

오늘도 살아서 역사하시며, 우리에게
마음을 강하게 하고, 담대하며,
두려워 말고, 놀라지 말라고 하시는 주님,
끝까지 우리를 사랑하시는 주님을 찬양합니다.

황소를 드리는 제사보다 작은 우리의 순종을
기쁘게 받으신다고 말씀하시는 주님,
그 말씀을 따라 주님께 먼저 순종하는
손주가 되게 해주소서.

세상에는 많은 길이 있고,
우리는 많은 선택을 할 수 있습니다.
하지만 주님이 허락하신 길이 아니면
그 어떤 길이든지 결국은 멸망의 길입니다.

손주가 가끔 순종하지 않는 행동을 행할 때도
그 일을 통해 이 단순한 진리를 깨닫게 하시고,
기쁨으로 순종하며 하나님의 일을 행하는 것이
사람이 누릴 수 있는 가장 큰 행복이자,
또한 큰 복임을 일찍이 깨닫게 하소서.

주님의 말씀이라면 어떤 작은 일도,
이해되지 않는 일도 기꺼이 순종하는,
손주의 삶이 되게 하시고, 그 삶을 통해
오병이어의 놀라운 축복이 일어나도록
주장하여 주소서.
예수님의 이름으로 기도합니다. 아멘.

영적인 순종은 학식에서 오는 것이 아니라
하나님의 뜻을 알고 그 뜻에 순종하는 데서 온다.
- 레나르 라빈힐 -

24일

우리 손주가 교회생활을 성실히/열심히 하게 하소서

기도하기 전 읽고 묵상할 성구

"모이기를 폐하는 어떤 사람들의 습관과 같이 하지 말고 오직 권하여 그 날이 가까움을 볼수록 더욱 그리하자"(히브리서 10장 25절)

이 세상에 그 누구 그 무엇과도 비교할 수 없이
최고로 위대하신 전지전능하신 주님,
우리의 기도를 들으시고
늘 응답하시는 주님께 영광을 돌립니다.
주님의 몸된 교회를 소중히 여기고
그 안에서 봉사하며 자라나는
우리 **손주**가 되게 하소서.

교회에 아무리 오래 다닌다 하더라도
주 예수님을 구세주와 주님으로 영접하지 않았다면
아무 의미 없는 종교생활일 뿐입니다.

빠짐없이 주일 예배에 참석하게 하시고
예배를 통해 먼저 **손주**가
하나님의 임재와 동행을 경험하게 하시고,
작은 것 하나라도 최선을 다하며

교회를 통해서도 주님을 섬기게 해주소서.
예배시간에는 절대로 지각하지 않게 하시고,
친구들에게도 관심을 갖고,
기회가 닿는 대로 전도하게 해주소서.

또한 다양한 분야에서 헌신과 봉사를 통해
교회를 섬기고, 주님이 주신 은사와 재능을
발견하는 귀한 예배와 섬김, 선물의 시간을
생활에서도 체험하도록
손주와 우리 교회에 큰 복을 주소서.
예수님의 이름으로 기도합니다. 아멘.

세상 속의 교회는 다양한 소용돌이에 요동치는 배와 같다.
우리의 임무는 배를 포기하는 것이 아니라
배가 바른 길로 가게 하는 것이다.
- 보니 페이스 -

25일

우리 손주가 인생에서 중요한 우선순위를 알게 하소서

기도하기 전 읽고 묵상할 성구

"그런즉 너희는 먼저 그의 나라와 그의 의를 구하라 그리하면 이 모든 것을 너희에게 더하시리라"(마태복음 6장 33절)

온 우주에 충만하게 임재하시며

언제나, 어디서나 비교할 수 없는

크신 사랑을 주시는 주님을 찬양합니다.

우주의 모든 만물을 창조하셨지만

그 중에서도 사람을 가장 사랑하시고,

또한 주님께서 죽기까지 사랑하심을 감사합니다.

그 사랑을 잊지 않고 매일 깨달으며

감사하면서 살게 하시고

마찬가지로 주님과 주님을 위한 일을

인생의, 또 매일의 최우선에 놓도록

손주 인생의 우선순위를 주장해 주소서.

하루의 시작을 주님께 기도하고

잠깐이라도 말씀의 묵상으로 시작하게 하시고,

하루의 마지막을 돌이켜보면서 감사 기도하며

더 나은 하루와 내일을 위한
점검의 시간으로 마무리하게 하소서.
평생을 지탱해나갈 귀한 경건의 습관들이
지금부터 몸에 베어 생활화될 수 있게
의지와 생각을 주장해 주소서.

지나친 스마트폰 사용과, 게임 중독에서
보호해주시고 주님과 교제하는 기쁨이
손주의 삶에서 가장 큰 기쁨이 되게 해주소서.
예수님의 이름으로 기도합니다. 아멘.

쓸 수 있는 시간이 단 10분일지라도
먼저 우선순위를 설정하라
- 로타르 자이브렛 -

★ 자녀가 부모를 공경하는 법 ★

성경이 말씀하는 부모님을 공경하는 방법은 세 가지입니다.
첫째, 순종/ 둘째, 존경/ 셋째, 훈계!
잠언과 공관복음만 읽어도 주님께서 자녀들이 부모님이나 어른을 공경하는 일을 얼마나 중요하게 여기시는지 알 수 있습니다. 그러므로 자녀가 부모를 공경하는 법을 가르친다는 것은 순종하는 자세와 존경의 마음 그리고 훈계를 받아들이는 태도를 가르키는 것입니다.

자녀가 부모에게 순종하는 것은 하나님이 창조하신 세상의 원리이자 또한 복을 받는 길입니다. 성경은 부모를 공경하는 사람에게 4가지 복이 따른다고 말씀하고 있습니다.
① 장수의 복(엡 6:2) ② 형통의 복(출 20:12) ③ 존귀와 영광의 복(잠 1:8) ④ 실패의 회피의 복(엡 6:20-24)

그러므로 부모를 공경하는 법을 가르치는 것은 자녀에게 마땅한 도리이며 또한 자녀를 위하는 길입니다. 성경의 말씀대로 아이들에게 부모를 공경하는 것이 무엇인지 그 방법을 가르쳐 주십시오.

기도 체크표

각 회차 기도한지 25일이 지났습니다.
25일 동안 기도하면서 경험한 변화를 기록해보세요.
당신이 기도한 만큼 장래가 보장된 손주로 성장할 것입니다.

횟수	시작일	자신이나 손주에게 나타난 변화
1 회		
2 회		
3 회		
4 회		
5 회		
6 회		
7 회		
8 회		
9 회		
10 회		
11 회		
12 회		

26일

우리 손주가
경건한 삶을 살게
하소서

기도하기 전 읽고 묵상할 성구

"그러므로 형제들아 내가 하나님의 모든 자비하심으로 너희를 권하노니 너희 몸을 하나님이 기뻐하시는 거룩한 산 제물로 드리라 이는 너희가 드릴 영적 예배니라"
(로마서 12장 1절)

우리의 힘이신 주님, 주님을 사랑합니다.
뱀처럼 지혜롭고, 비둘기처럼 순결하게
살라고 하신 주님,
오늘도 주님 은혜로 승리하기를 간구합니다.

속이는 저울을 싫어하시고
정직한 자에게 큰 복을 주시는 주님,
작은 일에도 지혜롭게 정직할 줄 아는
고운 마음을 **손주**에게 허락하소서.

사람들이 보지 않는 곳에서도
하나님은 모든 것을 보고 계심을
잊지 않게 하시고
심령을 감찰하시는 주님 앞에서
마음에 거리낄 것이 없도록
정직한 행동의 삶이 되도록

손주를 인도해주소서.

세상 사람들이 보기에 이해하기 어려울지라도
사사로운 이익의 유혹을 과감히 이겨내고
주님 앞에 정직하게 살게 하시고,
주님 마음에 합당한 사람,
주님이 인정하시는 사람으로 바로 설 수 있게
손주의 삶을 이끌어주시고 보호해 주소서.

그리고, 그 같은 삶으로 인해 주님께서 **손주**를
크게 높이시는 삶이 되게 하소서.
예수님의 이름으로 기도합니다. 아멘.

정직한 사람은 하나님이 창조한
가장 기품이 높은 작품이다.
- 포르 -

27일

우리 손주가
온유하고 겸손한
성품으로 성장하게
하소서

기도하기 전 읽고 묵상할 성구

"나는 마음이 온유하고 겸손하니 나의 멍에를 메고 내게
배우라 그리하면 너희 마음이 쉼을 얻으리니"
(마태복음 11장 29절)

내 평생에 주님의 선하심과 인자하심이
반드시 나를 따르리라고 약속하신 주님,
그리고 잠잠한 가운데 임하시는 주님,
오늘도 주님의 임재를 구하며 주님을 찬양합니다.

주님이 보여주신 우리를 향한 사랑과
온유하고 겸손하심이
우리 **손주**의 마음에도 전해지길 기도합니다.

세상 사람들은 물질적인 성공이
진정한 성공이라 얘기하지만
주님 말씀은 신앙과 성품이 좋은 사람을
진정한 성공이라 말씀하고 있습니다.

다른 무엇보다 **손주**가 성품에서
주님을 닮아 성공하게 하시고

놀라운 리더였던 사람들처럼 온유한 성품으로
사람들을 바른 길로 이끌고,
주님의 마음을 움직이는
선한 마음과 성품을 가진 사람으로
성장하게 하소서.

주님의 사랑을 깨달을 때
우리 마음에 욕심과 불평과
분노가 사라지게 됩니다.
하나님의 사랑을 통해 **손주**가 온유한 사람으로
세워지기를 간절히 기도합니다.
예수님의 이름으로 기도합니다. 아멘.

온유는 언제나 하나님의 가르침을 받으려는 마음을 뜻한다.
온유한 사람만이 자기 안에 계신 예수님을 발견할 수 있다.
- 로이드 존스 -

28일

우리 손주가
가족의 소중함을
마음 깊이 깨닫게
하소서

기도하기 전 읽고 묵상할 성구

"여호와(하나님)께서 집을 세우지 아니하시면 세우는 자의 수고가 헛되며 여호와(하나님)께서 성을 지키지 아니하시면 파수꾼의 깨어 있음이 헛되도다"(시편 127편 1절)

우리의 영혼을 파멸에서 구원해주시고
우리에게 모든 은택을 베풀어 주시는
영원한 주님의 크신 사랑과 은혜를
송축합니다.

주님을 참으로 의지하는 사람들에게
만사형통케 하심을 감사합니다.
주님이 허락하신 가정이란 울타리에서
믿음을 배우고 행복을 배우는
손주가 되기를 간절히 기도합니다.

가정은 하나님이 세운
가장 최초의 공동체이자
기쁨을 누릴 수 있는 공간입니다.

이 가정에 함께하는 가족들을

손주가 소중히 여기게 하시고,
그 안에서 주님의 원리를 따라
서로를 축복하며 격려하는
이 땅에서의 천국도 경험하는
놀라운 믿음의 가족과 가정이 되도록 해주소서.

연약한 사람인지라 때로는 다투고
불화가 생길 때도 있습니다.
그러나 비온 뒤에 땅이 더 굳어지듯이
그런 가운데서도 주님이 맺어주신
가정과 가족임을 잊지 않고
더욱 유대를 돈독히 하게 하소서.
예수님의 이름으로 기도합니다. 아멘.

임금이든 백성이든 자기 가정에서 평화를 찾는 사람이
가장 행복한 사람이다.
- 괴테 -

29일

우리 손주가
인내하며
기다리는 사람이 되게
하소서

기도하기 전 읽고 묵상할 성구

"인내를 온전히 이루라 이는 너희로 온전하고 구비하여 조금도 부족함이 없게 하려 함이라" (야고보서 1장 4절)

믿음의 주요, 온전케 하시는 주님을 바라봅니다.

주님은 앞에 있는 즐거움을 위하여

십자가를 참으시고

부끄러움을 개의치 않으셨습니다.

죽기까지 인내하심으로

우리를 구원하신 주님을 본받아

약속의 성취를 기다리는 **손주**가 되게 하소서.

약속의 유업을 받는 모든 사람들은

또한 인내의 사람들이었습니다.

아브라함처럼, 욥처럼,

모세처럼, 다니엘처럼, 다윗처럼,

환란 가운데 처할지라도

꿋꿋이 주님을 의지하며 인내하는

손주가 되게 하소서.

주님을 향한 믿음을 놓지 않고 있을 때
어떤 환경 가운데서도 인내할 수 있습니다.

세상을 이기고 승리하게 하신다는
주님의 말씀을 마음 판에 새기고
주님이 이뤄주실 것을 믿고 인내하며
오늘도 세상에서 발걸음을 담대히 디디고
인내 가운데 성장하며 자라나도록
손주를 책임지고 보살펴주소서.
예수님의 이름으로 기도합니다. 아멘.

인내와 지혜는 떼려야 뗄 수가 없다.
- 성 아우구스티누스 -

30일

우리 손주가 성령의 열매를 맺게 하소서

기도하기 전 읽고 묵상할 성구

"오직 성령의 열매는 사랑과 희락과 화평과 오래 참음과 자비와 양선과 충성과 온유와 절제니 이 같은 것을 금지할 법이 없느니라"(갈라디아서 5장 22절)

주님의 인자와 긍휼이 무궁하시므로
우리가 진멸되지 아니하고
이것들이 아침마다 새로워
상한 심령을 새롭게 하시는 주님을 찬양합니다.
손주가 삶 가운데 주님이 기뻐하시는 아름다운
성령의 열매를 맺어 가기를 기도합니다.

세상의 가치와 법도로는
주님을 기쁘시게 할 수 없습니다.
또한 세상을 변화시키지도 못하며
참된 만족을 얻지도 못합니다.

그 사실을 **손주**도 알게 하시고,
헛된 만족이 아닌 성경이 가르치는
참된 성령의 열매를 맺게 하시고
더욱 기쁘게 주님을 의지하는 마음을

허락하소서.

주님의 말씀을 따라 자라나는
손주의 삶이 되기를 축복합니다.
주님의 말씀을 따라
세상에서 빛과 소금으로 쓰임 받게 하소서.

손주의 삶의 여정을 통해
성령의 열매들이 맺혀지고
그로 인해 주님을 기쁘시게 하고,
사람들에게도 인정받는
귀한 인생으로 **손주**를 인도하실 줄 믿으며
예수님의 이름으로 기도합니다. 아멘.

성령은 개인의 인생살이를 허물어 버리고 그 위에
하나님을 향한 탄탄대로를 구축한다.
- 오스왈드 챔버스 -

★ 손주의 '꿈'을 격려해주세요 ★

미국의 사회심리학자 웨스트우드는 초등학생들을 대상으로
한 가지 실험을 했습니다.

그는 학생들에게 먼저 '장래희망'을 물었습니다. 그리고 그 중
에 꿈이 분명히 있는 친구들 100명을 뽑아서 지속적으로 장래
희망을 묻고 **"열심히 노력하렴, 너는 꼭 이룰거야!"**라고 응원
을 해주었습니다. 박사의 질문을 통해 아이들은 자신이 무엇이
되고 싶은지 스스로 생각하게 되었습니다. 그렇게 고등학생이
될 때까지 실험을 반복한 뒤에 무려 10년이 지난 뒤 그 학생들
이 사회에서 무엇을 하는지 다시 조사를 했는데, 무려 98명의
학생이 마지막으로 응답한 직업을 실제로 갖고 있었습니다.

어릴 때부터 비전을 갖는 것은 이처럼 중요합니다. 비전이 왜
중요한지, 신앙인의 비전은 세상 사람들과 뭐가 달라야 하는지
가르쳐주며 끊임없이 '꿈'에 대해 질문하고 격려해주십시오.

미국인의 95%가 무력감을 동반한 열등감을 느끼고 있다(미
국의 심리학자 말츠 박사)고 합니다. 아이들에게 '인생의 목
적'을 알려주며 자연스럽게 사명감을 품게 하고, '성경 말씀'
을 통해 하나님이 우리를 얼마나 사랑하시는지 전해주며, '실
질적인 꿈'을 품게 해서 그로 인한 행복을 느낄 수 있게 돕는
것이 열등감을 극복하기에 좋은 방법이라고 합니다.

기도 체크표

각 회차 기도한지 30일이 지났습니다.
30일 동안 기도하면서 경험한 변화를 기록해보세요.
당신이 기도한 만큼 장래가 보장된 손주로 성장할 것입니다.

횟수	시작일	자신이나 손주에게 나타난 변화
1 회		
2 회		
3 회		
4 회		
5 회		
6 회		
7 회		
8 회		
9 회		
10 회		
11 회		
12 회		

★ 올바른 용서를 가르치는 법 ★

용서는 타인과 관련된 성품 중에 가장 중요한 것입니다.
그러나 용서를 베푸는 사람이 너무 착한 경우, 그리고 상대방
이 용서를 받고도 반성하지 않고 같은 일을 또 저지를 때는 오
히려 용서를 베푼 사람의 자존감이 낮아지는 현상도 있습니다.

올바른 용서를 가르쳐주기 위해서 만약 아이들이 어려움에 처
했을 때 다음과 같은 질문을 유도해보십시오.
1. 왜 마음이 상했지?
   상대방이 어떤 잘못을 했니?
2. 그 일이 그렇게 슬펐니?
   혹시 다른 일 때문에 더 자극을 받지는 않았어?
3. 네가 비슷한 실수를 저지른 적은 없었니?
   누가 그 일을 용서해줬다면 기분이 어땠을까?
4. 상대방이 왜 그런 실수를 너에게 했을까?
   그걸 알면서도 상대방을 용서해줄 수 있겠니?

용서란 강요에 의해서 억지로 할 수 있는 것이 아니기 때문에
되도록 상황을 이해하며 말씀을 따라 의지적으로 아이들의 마
음이 흘러가도록 해주는 것이 좋습니다.

★ 순종을 가르쳐야 하는 이유 ★

미국의 초대 대통령 조지 워싱턴의 어머니 생일날 많은 사람들이 찾아와 축하를 하고는 훌륭한 아들을 키운 비법에 대해 물었습니다.

"자녀를 이토록 훌륭하게 키운 비결이 무엇인가요?"

"저는 단지 하나님께 절대로 순종하라고 가르쳤을 뿐입니다."

최근 유럽의 교육전문가들은 신세대 부모들이 자녀들에게 너무 많은 자유를 주고 있다고 문제를 삼는 추세입니다. 어린 나이 때는 분별력이 없기에 어느 정도는 부모의 교육방침에 따라 자녀들을 훈련해야 하는데, 개인의 생각을 언제나 존중하고 자녀 중심으로 키워나가기에 정작 필요한 교육은 받지 못하고 자라서도 부모님의 권위를 인정하지 않고, 가족을 자신을 위한 것으로만 생각한다는 것입니다.

순종은 가르쳐야 합니다. 눈에 넣어도 아프지 않을 귀한 아이들이지만 그래도 부모를 공경하는 법과 더불어 하나님의 말씀에 순종하는 법을 확실히 가르쳐주십시오.

주님께 간절히 기도하고

자녀를 위한 무릎 기도문

하나님의 사랑받는 자녀로 성장시키기 위한 기도서!

가족을 위한 무릎 기도문

하나님의 축복받는 가정이 되기 위한 지도서!

태아를 위한 무릎 기도문

태아와 엄마를 영적으로 보호하고 태아의 미래를 준비하는 태담과 태교 기도서!

아가를 위한 무릎 기도문

24시간 돌봐주시는 하나님께 우리 아가를 맡기는 기도서!

십대의 무릎 기도문

청소년기를 멋지고 당당하게 보낼 수 있도록 준비시키는 기도서!

십대자녀를 위한 무릎 기도문

질풍노도의 시기인 십대 자녀를 올바르게 성장시키기 위한 기도서!

재난재해안전 무릎 기도문 〈자녀용〉

불의의 재난 사고로부터 자신을 지키는 방법을 배우는 기도서!

재난재해안전 무릎 기도문 〈부모용〉

귀한 자녀를 재난으로부터 안전하게 지키게 해주는 기도서!

※ 검색창에 「무릎 기도문」 치면 전체가 보입니다.

기다리면 분명 응답 됩니다!

9

남편을 위한 무릎 기도문

사랑하는 남편의 신앙, 건강, 성공 등을 이루게 하는 아내의 기도서!

10

아내를 위한 무릎 기도문

아내를 끝까지 지켜주는 남편의 소망, 소원, 행복이 담긴 기도서!

11

워킹맘의 무릎 기도문

일과 가정, 두 마리 토끼를 잡기 위해 노력하는 워킹맘의 기도서!

12

손자/손녀를 위한 무릎 기도문

어린 손주 양육에 최선을 다하는 조부모의 손주를 위한 기도서!

A1

태신자를 위한 무릎 기도문

100% 확실한 전도를 위한 30일간의 필수 기도서!

A2

새신자 무릎 기도문

어떻게 믿어야 할지 모르는 새신자가 30일 동안 스스로 기도하게 하는 기도서!

A3

교회학교 교사 무릎 기도문

반 아이들을 위해 실제로 기도할 수 있게 하는 교회학교 교사들의 필수 기도서!

A4

선포(명령) 기도문

주님의 보호, 능력, 축복, 변화와 마귀를 대적하는 강력한 기도서!

※ 전 세트를 준비해 놓으면 「영혼의 비상약」이 됩니다.

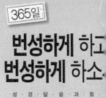

자녀 축복 안수 기도문
〈자녀를 위한 기도문 365〉

우리 부모님을 지켜 주옵소서
〈부모를 위한 무릎 기도문 365〉

번성하게 하고 번성하게 하
〈번성을 위한 축복 기도문 3

손자/손녀를 위한 무릎 기도문

엮은이 | 편집부
발행인 | 김용호
발행처 | 나침반출판사

2쇄 발행 | 2022년 7월 1일

등 록 | 1980년 3월 18일 / 제 2-32호
주 소 | 157-861 서울 강서구 염창동 240-21
　　　　블루나인 비즈니스센터 B동 1607호
전 화 | 본　사(02)2279-6321
　　　　영업부(031)932-3205
팩 스 | 본　사(02)2275-6003
　　　　영업부(031)932-3207

홈페이지 | www.nabook.net
이 메 일 | nabook@korea.com
　　　　　nabook@nabook.net
일러스트 제공 : 게티이미지뱅크

ISBN　978-89-318-1576-4
책번호　바-1049

값은 뒷표지에 있습니다.